奇門廬中闡秘卷二目録

諸葛武侯　註

奇門廬中闡秘

諸葛武侯　註

家宅門

凡占家宅以直符為人　直符加八門為宅

地盤九星為對門　地盤九星之左宮九星為左鄰　地盤九星之右宮九星為右鄰

直符生八門宜居此地　直符剋八門主移居

符 空山長澗　螣 如小卑妾驚癇　陰 女婢

合 子女弟兄親女　勾 奴婢　白 道路

朱 光怪口舌　玄 盜賊小人　地 暗室

天 明堂

休　坎宅井　門路泉

杜　巽宅園　門路圃

驚　兌宅門　門路户

甲　棟樑

丁　厨灶

生　艮宅徑　門路路

景　離宅灶　門路司

開　乾宅門路　神堂

乙　樑楝槅櫺　重門卧榻

戊　墻院廄房

傷　震宅樓台　門路天逵

死　坤宅坟　門路塋

丙　香火堂

己　柱基天井　房屋

庚　過道屋脊　炉鐺

癸　厠彼路

蓬　中男婦女鬼神　房宇亭院

輔　長女僧尼　[illegible]筐

芮　老眷井院　道路

辛　屯積户牖　釜甑

任　小男道士　道路

禽　母娥　堂室

柱　少女門户

壬　本路門肩　井

冲　長男經紀　户牖棺

英　中女　堂堂

心　父叔墻院厠閣

得令秀整委曲
一　申子辰近水
失令高低參差
節

得令方面寬廣
二　四維土
節

得令高聳中寬
三　寅午戌近窯冶
失令破低路
節

四
氣
得令四齊院密氣

五
氣

六
氣
得令曲直新鮮

七　巳酉丑近路
失令尖凹破碎

八　四庫土
失令傾頹凸凹

九　亥卯未近橋梁
失令衰朽中斷

八門生直符主此地興旺
八門尅直符主此地不利
地下九門生直符主對門和好
九星尅直符主對門不和
左九星生直符主左鄰和
左九星尅直符主左鄰不和
右九星生直符主右鄰和
右九星尅直符主右鄰不和

直符與地下九星之左右九星相生相尅亦同此斷

右法

八門木旺相其宅子孫清秀多殖

八門火旺相其宅子孫發達爵祿美盛

八門土旺相其宅子孫忠厚富貴安靜不擾

八門金旺相其宅子孫聰明過人有敢斷才

八門水旺相其宅子孫

又法

以本屋坐向東南西北之地看占時六儀三奇三白門臨坐向又九星相生則主榮昌九星相尅則主傾敗亦簡要法也

又訣云

朱白忌登天門勾辰忌據地戶門戶合陽宮陽宮星合旺相者宅宇軒昂合陰宮陰星者直廢因房廊破財

孟甲前門路開旺光明閤因歪破仲甲中門堂陽開

整齊陰閣破陋季甲後門墻開旺壁生光逢閣破
損樣幽陷應其方
日干為人時干宅人宅相生多利益人若尅宅庶可
居宅若傷人住不得納音生尅與刑冲較取年命
定禍福直符從中作主援福神到堂許安逸
占宅直符逢休廢人眷房宇疑良替飛宮本宮兩無
傷前後新舊皆遂意
直使從來怕被迫尅儀落空及反伏水是飄流火金
勞土值刑傷灾疫逐金水刑因露風聲木火猖狂
防回禄閑杜生死若失宜筭來門向宜改革
三奇三儀所臨宮逢生乘旺必興隆刑墓空亡格悖
害休咎從類斷其踪九星立行占六親得旺無傷
喜慶新反伏二吟刑因墓宅眷灾迍當細尋九宮
起元論風水乘旺臨生為福祉假令飛符入鬼鄉
從旁休咎因類取
虎入門兮人雀散帯刑兮吏追勾刑門兮宅罷虎

害干兮人灾滕符逢星值戰戰小口驚癇憂疑武會試宿當權小人邪祟作孽六合天柱子女怨尤太陰英景龍婢竊位九地庚辛為伏刃若遇驚帶刑害暗中有損九天丙丁為飛牒若乘甲乙為魁戰光怪須防朱雀再附丙丁喧爭聒耳玄武更乘壬癸宵小跳梁庚辛白虎得地而凶勢愈張戊己勾陳刑沖而破財立見燒身之虎先凶後吉入土之蛇蟄後須防

宅宇軒昂返首青龍無刑害畫棟雕梁跌穴祥鳥无刑傷藏風聚氣適格以參詳拱護有情詐局中理會得使而堂構森然守門而家居清吉五假柚添偏宜三勝修造得吉乙加辛而房廊有損辛加乙而虎頭房強癸加丁而廚竈不利丁加癸而魁祟為殃伏干人宅不順飛干基址格殃伏宮格人姤害飛宮禍起蕭墻大格小格沖射不利刑格悖格宅眷不昌白乙熒兮防怪異熒入白兮慎火光五

不遇兮人有損羅網張兮見乖張六儀擊刑凶災伏三奇入墓幽暗防天馬空陷無出路反復門迫終非祥吉凶格見防其類檢點六親何者當

此時遇門生宮上干生合下支乙丙丁六儀臨旺祿生宮生宅宅舍清寧人口平安進益田產布帛五穀進益之利如開門生宮有金玉財寶貴人之益詳八門生尅推之若凶星門尅宮地盤臨衰墓而又受傷者口舌災厄獄病小人憂驚不免如陽星被傷陽人災非陰星受傷陰口災病若陰陽星被尅主陰陽男女之憂如乾為父坤為母震為長男之倒若其人本命在墓絕之宮又被刑尅則災非命絕若有比和逢生為難中有救

附修造訣

此時門生宮合吉格三奇六儀如臨旺祿長生之宮或日時遇貴人拱照宅主與坐向相生相合或天禽坐鎮中宮或太陽照映坐向乃為萬全吉慶發

祿非常若有諸家惡星反為我制則為我之用神百無忌也

又訣云

以主星為主宅之人以飛宮為所住之家宅俱宜生旺不宜廢衰更以得奇得門得詐為業吉主星尅飛門財丁日盛飛門尅主星禍變為災主生飛雖有財而財源日耗飛生主既多進益而名利日饒星門比和百事平安若五不遇時干入墓羅網擊刑直符加庚時加六庚一切凶格犯之必大凶如三奇得使三詐九遁五假及鳥跌穴等格合之俱大吉又當以墓旺生死看本干為要緊凡符使吉則發福久符使凶先吉後凶在家吉在外凶大人吉小人凶主吉婢凶符凶使吉反此可推以上符宮得其大畧又當參看餘宮以定吉凶所自來

俱以宮生門者大吉門生宮者次之宮尅門者大凶門尅宮者次之更飛門之上者一干坐宮之下有

一干上下一合配以格局格吉亦吉格凶亦凶兩支相冲害者因此宮其宅必有刑傷

占分居

坎離二宮為陰陰陽分位之始如是十月至四月晝為陽以坎艮震巽為内離坤兑乾為外五月至十月晝為陰以離坤兑乾為内坎艮震巽為外以年為父母月為兄弟日為己身時為子息挨本局支干推之如俱兩處為分居一處為不分居以宮分支干照歲月定日期以旺相休囚定吉凶

占遷移

凡遷移方上三奇吉門再時得禽星四季日皆吉大吉天輔春夏大利天心秋冬利其餘星不利各以來占時看何星為天乙定之

婚姻門

凡占婚姻以直符為夫

直符之下地盤九星為媒妁 以直使為女

直使之下地盤八門為粧奩

符 婚主

合 壻媒禮物

地 遲滯遠涉 女室

螣 唆使

勾白 阻撓 刑剋

天 歡悅軒昂 男家

陰 女妁首飾

朱玄 口舌說合 奸詐欺瞞

休 坎方中男 阻滯

杜 巽方長女稀髮 女家失約

驚 兌方少女 殘病

甲 男青長

丁 娨伙柔順

生 艮方少男 年齒不等

景 離方中女 虛詐

開 乾方老

乙

戊

傷 震方長男 男家更變

死 坤方無姑 婆罵

丙 媒躁急

己 女敦厚

庚 奸謟刑尅 辛 娼紅白 壬 娼妁姑長潔衣

癸 婚期婆

蓬 黑暗矮疾 任 彎臂醜陋 冲 雄聲長瘦

輔 財富才貌 禽 端正 英 赤紫細麻

芮 斑點黃黑腹大 柱 清瘦狠戾聲尖 心 風厲有為

淄黑聰明得令幽閒貞靜 得令敦實 得令礼儀丰彩

一 申子辰 二 四維土 三 寅午戌

節 失令蕩佚風塵 節 節 失令有疤痣淫佚

四 五 六

氣 得令名門大家 氣 肥胖穩重富寔 氣 得令長秀飄逸

七 巳酉丑 八 四庫土 九 亥卯未

黃潤剛决失令刑尅孤寡 得令矮跛 失令卧折殘疾

直符時干魁直使女家肯男家不肯求若時干生直使男求女家
直使魁時干男家肯求女家不允若直使生時干女求男家
直使加門生直符粧奩多若直使加門魁直符多要聘禮
直符下加九星生直使媒人為男家若魁直符則要男家財帛

直符下加九星生直使下加門媒人為女家若魁直使加門則要女家財帛

占女性情妍媸

凡占女之性情妍媸以直使加九星决之要遇旺相則美休囚則惡
直使加天蓬遇旺相主性情柔良慈愛主容貌白滑遇休囚奸狡容陋
直使加天禽天任天芮遇旺相主性厚重莊嚴其貌

白美遇休囚黄瘦醜拙

直使加天冲天輔遇旺相主性正直無私其貌秀麗遇休囚枯髮性暴

直使加天英遇旺相主性速明徹其貌光潔遇休囚兇暴紫色

直使加天柱天心遇旺相主性果决有断其貌白潔光瑩遇休囚濁而性硬

占係何家女

直使加戊己旺相主田地廣闊或守土官家之女休囚耕種陶冶之家

直使加辛旺相主武職法司理刑官家之女休囚武藝金銀銅匠之家

直使加壬旺相主湖池田塘財帛富家之女休囚舟人網罟之家

直使加乙旺相主樓臺屋宇廣大財帛富家之女休囚植物手工之家

直使加庚癸婚姻不成

又法婚姻成合之占

龍返首　鳥跌穴　玉女守門

三奇會六儀相生　九遁　五假遇此主成

又法婚姻不成之占

龍逃走雀投江等三詐諸格伏吟反吟五不遇三奇入墓天網四張之類遇此不成

又占訣云

男家責天門女家責地戶門值直符六合九天者男昌戶值太陰九地者女盛

孟甲宜長男長女占　利於初婚

仲甲宜中男中女占　利再娶

季甲宜少男少女占　利再醮

陽開無刑男家富麗　陰闔無刑女家莊嚴

日干為男時干女納音生尅從中取時日生合兩和諧花燭變體有玄理化父化鬼事難成化子化財

婚可許金木相傷責令時水火尅洛上下舉大約
休尅事無妨旺刑冲制非為美考取年命并類神
宫門優劣辯大體
男婚女嫁責陰六生旺相資登婚牘螣蛇朱雀是媒
婆勾陳白虎破婚局天地遲速玄詐虛直符婚姻
大机軸
直使從來考破成方位老少亦同徵合吉無尅誠為
吉因休空陷枉勞情

三奇六儀判陰陽男女情形别樣粧奇不墓兮儀不
擊正合旁合錦段詳
九星分類識性情亦如身命考原因已遇將來論時
令貧富貴賤透玄靈
起元水局多溪蕩得吉無刑真端相只嫌背時與孤
虛勉強成親坎坷狀
起元金局空剛形得吉夫榮妻貴情若是刑空並廢
因到頭自碍轉傷神

起元火局疑虛花得吉男才女貌佳若是背時與刑
墓婚娶不久而疾疤
起元水局主和柔清秀淑人君子逑若值刑墓因空
廢殘傷暗疾不自由
起元土局兩和諧得令無冲屏雀開不犯刑冲空騰
墓痴跛踒黑不帶來
門戶吉泰兩相當門凶戶吉男不昌戶凶門吉女不
利門戶皆凶男女戕

孟甲逢開婚正宜仲甲相依亦共推最怕因墓熏刑
格閤廢男女見趑趄
返首乘龍之壻跌穴百輛之姬虎狂龍走男女相傷
天遁人遁齊眉孟光三詐五假過舍填房得使而
鸞粧櫂日守戶而女掌夫綱蛇妖而女婦孽聒狡
江而媒妁不良伏干飛干多應則旱伏宮飛宮狡
此狼猖大格小格鰥寡孤獨刑格悖格男女暴強
歲日格而公姑不利日時格而夫妻不長入白入

熒各懷私意不遇兮有變擊刑兮性狂入墓羅網受屈折及伏門迫揔格殃男女年命乘生合白髮兒孫滿畫堂

如男家問婚姻此時即以地盤諸星為男家逢門生宮或上干生下干合吉格而干支日時逢生合其婚必成若門尅宮或上干尅下干或門迫相冲必不能成又如比和相善言之即成凡九星六儀一奇八門在旺祿之事主富貴之家若衰墓逢生漸

又占婚姻訣

以主星為求婚之人以飛門為所求之婚終以得奇門詐為吉更以生旺為吉主生飛婚難成或因求而有失飛生主其婚易成且因求而有得主尅飛門可成之稍遲飛尅主不成成亦有害欲知其人之美惡於飛門之體質見之欲知粧奩之厚薄於飛門盛衰見之欲知姓氏於飛門之五音辨之欲知性情於飛門之剛柔別之欲知所成之時於

飛門之生尅兩干之中合吠之如符吉使凶久而有變符吉使吉即成使吉符凶其婚不成凶格亦不成也

胎產門

凡占胎產男女以時干為母

直符為父時干加地盤九星為子

專看三位相生則吉相尅則凶

以九星陰陽別其男女

星旺相則速產星休囚則產遲

九星加六儀三奇為產之期要在占者詳之

符　胎孕母

螣　漏產小產

陰　穩婆

合　男女

白　產門

勾　催產門

朱　胞衣

玄　惡濁

地　胎神

天　產神

休　胎穩產遲　主男
生　胎產利　主男
傷　產母有驚　男

杜　防胎日空　女
景　胎安產遲
死　胎產凶

驚　有祈福之憂　女
開　利產忌胎　男

甲　胎酉養戌　生亥死午
乙　胎申養未　生午死亥
丙　胎子養丑　生寅死酉

丁　胎亥養戌　生酉死寅
戊　胎子養丑　生寅死酉
己　胎午養未　生申死卯

庚　胎卯養辰　生巳死子
辛　胎寅養丑　生子死巳
壬　胎午養未　生申死卯

癸　胎巳養辰　生卯死酉

蓬　陽星　水旺氣
任　陽星　土旺氣
沖　陽星　水旺氣

輔　陽星　木旺氣
禽　陽星　土旺氣
心　陰星　金旺氣

柱　陰星　金旺氣
芮　陰星　土旺氣
英　陰星　火旺氣

主男喜反此多坎坷　陽主男　主男喜宜防虛驚

一申子辰　二四維土　三寅午戌

節本局日時及未申日寅時生　節　節本局日時生或丑寅日申時生

四　五　六

氣本局日時及辰巳日亥時生　氣主雙頂雙生　氣本局日時生或酉日卯時亥日巳時生

七巳酉丑　八四庫土　九亥卯未

主女喜反此有刑害　陰主女　主女怕休囚

辨男女

天蓬為子星主生男平常

天任為子星主生男多福

天冲為子星主生男多秀

天輔為子星主生男多貴

天英為子星主生女有福

天芮為子星主生女多貴

天柱為子星主生女多福

天心為子星主生女果決

占產期遲速

子星加戊己主遲遇季月辰戌丑未日生

子星加庚辛主速遇庚辛金月庚辛申酉日或遇土星同宮生速

子星加壬癸主遲遇壬癸水月壬癸亥子日生

子星加甲乙主速遇甲乙木月甲乙寅卯日生

子星加丙丁主最速遇丙丁火月丙丁巳午日生速

與木星同宮本日即生

又訣云

時干魁子星主易產　子星魁時干主產艱難

子星魁時干子星同宮共魁時干主傷母

時干與直符共魁子星是父母雙魁子主喪子女

龍返首　鳥跌穴　玉女守門主易產　伏吟　返吟　諸格　諸假　諸遁主產速五不遇三奇入墓天綱四張主產死胎或產後死

又占法云

地戶無刑產必穩天門吉馬產無虞門合陽星主男
戶合陰星主女陽主男陰主女
孟甲胎穩產遲疑開男闔女斷因依
仲甲胎懸產將孕開闔小產沖刑机
季甲胎虛寧將產開闔虎馬定時期
孟利初胎仲利中季利三胎看年命落何甲子
日干為母時干子納音之中辨男女順生利產逆生
遲化合胎刑奇偶取旺相休囚與孤虛課元用神
飛伏旨大象無疪是吉徵化父化鬼憂危體行年
本命細消詳
天喜生氣時方擧產母直符子六合刑囚旺相吉凶
訣騰白催六是生期生地陰六合將出月惟求時
日不復符子母團圓不須說要責符元起何親輪
飛之宮可生合吉凶男女細推詳
直使推詳羆與熊門吉氣旺產豹龍陰門陰宮瑶池

女刑格空亾最忌逢宫制門兮多不育門制宫矣

畧有驚若卜胎產全吉利宫馬生旺天馬騰

儀主母兮奇生男生合刑因逐類看胎養生死詳時

日起元非加上下探九星陰陽判胎孕生旺休囚

時日論胎設死廢狐與虚起飛宫次五行間入墓

逢生辨速遲當令孕實產將近就裡刑休可參詳

入鬼入財與入印化空逢生產易容化死坐墓胎

憂門

九宫起局分節氣節猶阻滯氣順利胎臨馬兮當轉移長生得馬產育易金火逢宫將臨盆水逢空兮擬不濟廢土空臨必墜胎酌取年命斷來意

占斷胎產有妙訣門户陰陽甲開合陽開閤產儘亨通陰閤胎安不須說返首偏宜閤孕跌穴占產為祥白虎猖狂產母有驚青龍逃走孕子悽惶遁格雖多吉利其中尚有徵疵詐假無凶格胎產各有宜忌三奇得使究儀神之陰陽以辨弄璋弄瓦玉

女守女雜宮次之生墓遂知男吉女祥蛇跌蹻而孕非禎物還宜穩婆不良雀投江而子非長壽又兼小產須防伏干飛干產母須防啾唧伏宮飛宮嬰兒未免狼猖大格小格子母難獲全濟刑宮悖格胎前產後多殃歲月日格而胎重如山時日格而坐草艱難入白入熒胎產須分遲速而吉凶當逐宮推反吟伏吟胎產須辨星門而反吟各分三項星反而胎疑不實門反而臨產不祥若是星門皆反縱然產速有傷不過旁災異擊刑旁凶殃入墓羅網產不利男女年命當審詳

天下生人同此一時而復貴賤之不同詳此時吉格奇門在方向宜對吉凶之格則生子貴賤可知或再加父年庚多少當生日生時適演奇門必知富貴修短耳

又訣云

以主星為產母以飛星所產之男女俱是逢旺不宜

逢衰只宜相生不宜相尅星尅門不利于子門尅星不利于母星尅飛而飛衰則子難救飛尅星而星弱則母難保星門比合子母皆安

欲别其所生之男女于飛門之陰陽辨之欲斷其所生之時日于生尅冲断断之若五不過直符加庚庚臨時干一切凶格犯之必凶如開門陽金主生男逢旺令其子貴必體元色白骨堅氣剛杜門屬陰木主生女逢旺令其女必貴体長色青柔順餘

可類推

又有一等符宫既是主生飛而死門乃是門尅宫其子既産不育即育不壽符宫既是飛生主而死門乃宫尅門其母先難後易先安後病不可不知

訣曰陽干現而生男陰干現而生女此飛門内之干非符宫之干也盖星為母門為子故也能以本干論胎養長生則所生之時日了然矣

此時又有人占産育重看死門可也飛門之陰陽得

其大概飛門內之暗干得其精微若遇三才生子必貴

占胎孕法

胎孕男女及產育難易論于坤卦坤上所得門為胎天盤而產室產室魁門子不存坤魁上門胎不安門魁坤宮孕婦常疾天盤魁地盤胎孕不安得門屬陽為男胎陰為女伏吟而子戀母腹胎雖穩而產難見白虎為血光神其產甚遲門到坤宮者為入墓必是死胎天盤星為門宮二者之墓不吉為坤母之墓不利母為門之墓不利子有三奇者更妙

選舉門

凡占選舉以直符為舉子　以直符之下六儀三奇為文字　以直使為場屋　以直使之下六儀三奇為榜案　以日干為試官

專以直符為主喜其相生忌其相尅占者在五處詳審之

木直符加儀奇所生

木直符加戊己主作文潦草直使之下遇金不中

木直符加辛主作文字艱澁不順直使之下遇金不中

木直符加壬主作文字新奇直使之下遇水星休門主高中

木直符加乙己主文字得意直使之下遇水星　門高中

木直符加丙丁主文字歪貼主考得意直使之下遇乙生門中元

又法主中類

龍返首　鳥跌穴　玉女守門

直符遇有奇有門相合

直使遇有奇有門相合

天遁　地遁　人遁　雲遁　風遁　龍遁

虎遁　神遁　鬼遁　人假　物假　神假

天假　地假

又法主不中類

龍逃走　雀投江　虎猖狂　蛇跌蹻

直符加癸　庚甲加符　直符加庚

伏吟　返吟　三詐　五不遇　飛干　伏干

大格　刑格　小格　月格　歲格　奇格

宮迫　門迫　三奇入墓　日格　時格

又利試占法

日元原為應試人時干却是主考臨日支文章忌刑害時支場屋所寄陳納音之中查去取等第優劣

可詳分旺相生合為吉兆刑囚墓絕終遭迍日生主文宜睹屬主文生日擬中軍文章再與主文合擲地金聲姓字芬惟忌時納逢刑制只穿數穿又遺論兩支亦忌相刑害場驚塗抹要留心試科先須留直符逢生合旺可進圖朱白身生名高擢匆滕刑害卷糊塗年命日元九天位皇都得意唱傳臚

直使論名後與先開遇九天御墨先杜臨九地孫山外休景臨之下列前大約用門無刑格旁類多吉副榜邉

奇儀用神怕刑格飛伏宮次相推測三奇湊聚年命間來朝定作金榜客符星起伏忌旅虛背時刑尅終嗟吁入父入宮要生旺献策投書可曳裾起元專考飛伏宮弱飛旺兮可從龍官父互交多得意比脫加臨忌落空將揭曉兮看天門吉星合生步青雲初入闈兮看地戶得令生干中主文

三甲區分前後中陽開星吉與生身得此堪名名已倫只從甲位定等蹤

返首跌穴無疵方得成名虎狂龍走有傷那得進步天遁人遁際會風雲之客虎遁龍遁蟾宮折桂之人俱要塡合年命用干始可斷其天衢得路三假五詐從前折桂始亨通得使守門旁求公薦方得意門戶忌傷符使人元最怕休囚天馬上乘朱雀泥封己出天衝蛇跌蹻而文不入式雀投江而卷

或漏遺伏干飛干疑臨場有變飛宮伏宮又慎場後生禍隔格進呈有阻刑悖字號須防熒入白旁不第白入熒旁不揚不遇徒勞獻策擊刑反惹驚惶入墓羅網年命吉可以言中反伏門迫雖入試而未免狼狽天乙祿馬乘吉宿來生年命自飛黃

占科名

凡占科名以日干為士子直符為主司天乙為分司景為文章直符宮魁日干宮天乙宮魁日干宮景

門宮尅日干宮日干宮尅景門宮及景門宮休囚廢沒俱主如意如直符天乙來日生干景門又得旺相者得科名再遇三奇吉門吉宿全於本人年干之上者大利

占殿試甲第

以太歲為天子月建為主司日干為士子景門為策論景門落旺相之宮又得三奇並太歲月建來日生日干者為鼎甲不得三奇而有太歲月建來生日干者為二甲不生日干又無三奇為三甲

占小試

凡士子小試以天輔為試官中干為士子六丁為文章六丁得旺方更兼天輔天生又得三奇及開休生景四門吉者為上吉文星旺試官生不得三奇吉門者為次吉文星雖旺而試官不生或試官生而文星不旺僅得中平文星不旺又尅章有三奇吉門者為下試官尅害文星不旺日干又在休囚

宮又無三奇吉門或得死門及諸凶格者凶

占考期

士子候考未知何期者以天輔為試官冬至坎至巽為內離至乾為外夏至自離至乾為內自坎至巽為外文星在內者主上半年在外者主下半年冬至後以十一月至四月為上半年夏至後以五月至十月為下半年更以所落宮分野以定日期以十二支配八卦訣之

占試武

以直符為試官時干為士子甲申庚為箭甲午辛為紅心景門為策論專以甲申庚落宮尅甲午辛宮或相冲為箭中紅心再看景門得旺相又與直符相生者利再有三奇吉門吉宿加年本人年庚大利

占投武

天冲為武士直符為主帥直符宮生天冲宮天冲宮

生直符宮則利彼此相尅不利天冲即作直符大

利遇伏吟反吟不利

占功名成就

若提學來臨本府以官為客諸生為主學道生于所考地方以官為主諸生為客此時若主尅客是諸生為主則名成無阻若官為主尅客者名難成客主相生比和干支同氣求名易成矣

求名

以主星為求名之人以飛門為求之之名主星尅飛門其名必得得之頗難飛門生主其名自來來之甚易主星生飛門非惟名不就必因就而破財必因求而有禍又當審其旺衰以配得失吉凶之数終得奇門詐為吉其方向應期亦當以入門定

官祿門

官祿占

符 官僚品秩 陞除謫降

合 吏戶礼

地 屯衛 有司

螣 行人遊府 織造廷尉

勾 總制鹽政

白 總戎

天 巡檢

陰 兵刑工 錢廠

朱 科道

玄 稅科水營

休 青齊吳 濱海

杜 鄭荊楚 濱江

驚 冀道 巡關

甲 督制

丁 巡方

生 楊幽燕 邊山

景 邕周雍 宾右

開 徐魯并衛 嶺省下

乙 布政 書院

戊 關闌主司 屯院

傷 豫東充 濱海

死 秦益晉 土穀

丙 礼科 鴻臚

己 鹽漕 粮儲

庚 提督刑科　　辛 提督刑科　　壬 清吏司

癸 水理道

蓬 摠河漕江　　任 太常西廠　　沖 織造

輔 翰林主試　　禽 撫臣　　英 通政行人

芮 閫帥摠兵　　柱 刑部戎政　　心 宰臣

河漕盐運

一 申子辰　　二 四維土　　三 寅午戌 礼部

節　　節　　節

四　　五 有司盐賦 户部　　六

氣 兵部刑部屬　　氣　　氣

七 巳酉丑　　八 四庫土　　九 亥卯未 吏部工部

凡占官以魁直符為官星直使之下為官方以分野決其何處

假如直符本宮有儀奇魁直符者得官最速若在占日旺相地亦主速不在本宮而在直符之下地盤有魁直符者得官稍遲若在占日旺相地不久可得若在他宮以宮分決之

假如陽遁直符臨八宮魁直符者在九宮止隔一宮一年可得官魁直符者臨一宮又隔二宮二年可得官餘皆倣此

假如直使之下地盤所得之宮與門要與直符之宮星相生比和則有好地方且最顯達若官星魁宮門不宜此地方另圖他處若宮門魁官星則官尚未陞遷主遲也

木直符得官所主

木直符遇戊己各土星主用財營求尚未就職無丙丁奇同宮不能得職

木直符遇辛有三奇同宮扶助主得官最速

木直符遇乙有同類犯奪地盤有丙丁辛合主得官否則主遲

木直符遇丙丁尚在干求貴人營謀官爵地盤遇辛兑主得官職

木直符遇庚癸俱不得官職

火直符得官星所主

火直符遇戊己有求幹未妥主得官尚遲

火直符遇辛用財干貴地盤不遇丙丁壬水主不得

火直符遇壬有丙丁在地盤主得官在頃刻

火直符遇乙有貴人相助地盤有壬水主得官

火直符遇丙丁主三四人同謀地盤有壬水可得否則不得

火直符遇庚癸俱不得官之兆

土直符得官星所主

土直符遇戊己尚未就緒地盤無乙奇主得遲

土直符遇辛設法干求地盤有乙奇主遲得

土直符遇乙奇官星顯赫地盤遇丙丁主得官速

土直符遇丙丁二三貴人相助地盤遇乙奇主得官速

土直符遇庚癸俱不得官之兆

金直符得官星所主

金直符遇戊己得貴人蔭庇地盤遇丙丁主得官稍遲

金直符遇辛同類干求地盤有丙丁得

金直符遇壬請託未成地盤無丙丁主不得官

金直符遇乙求財干貴地盤無丙丁主不得官

金直符遇丙丁官爵榮顯地盤遇戊己主得官最速

金直符遇庚癸俱不得官之兆

水直符得官星所主

水直符遇戊己官祿榮昌地盤有丙丁主得官速

水直符遇辛有貴人扶助地盤有乙奇主遲得

水直符遇乙奇求官宜請託地盤遇丙丁主遲得

水直符遇丙丁貴財營求地盤遇乙奇主遲得

水直符遇庚癸俱不得官之兆

以直使加八門決其方向

占任所方

直使加休門主冀州趙分

直使加生門主兗州鄭分

直使加傷門主青州齊分

直使加杜門主徐州魯分

直使加景門主揚州吳分

直使加死門主荊州楚分

直使加五中主豫州宋分

直使加驚門主梁州晉分

直使加開門主雍州秦分

占得何職

直符遇官星屬木主禮部禮科風憲合祿之職

官星屬火主兵部兵科掌兵權之職或武職

官星屬土主吏部吏科翰林守土有司之職

官星屬金主刑部刑科恤刑理刑法司之職

官星屬水主工部工科鹽場河道按察之職

官星宮中有財星多而旺者主户部户科財賦稅庫之職

官星宮中有生官星者主歲貢之職

官星宮中有財星旺而不多者主監生

官星宮中有一重財者主納粟之職

占官得爵例

龍返首　鳥跌穴　玉女守門

以上主得官若龍逃走等各遁各假各格二吟五不遇三奇入墓之類俱不得也

又占訣

外轉青天門內轉青地户門户官星遇門户灾

天德天乙天馬者陞年命值刑格悖格官星與門

户相傷者降

孟甲主春選秋選　仲甲主夏選冬選

季甲主欽取行取　吉星值開利推薦

凶星值闔慎參究

時干為印日干官納音藏化品秩看官印相生多益

利品秩衰旺逐時探傷符未保前程遠傷使地方

恐不安最怕截空與刑墓陞除謫降有來原

直符占官品秩階旺相休囚着意裁誰生誰尅旁官

取進退加臨官父諸不值刑囚並墓陷定然榮任

稱心懷

直使從來論地方五凶三吉各分疆門凶得令堪終

任門吉刑迫俸不長更得祿馬考方位乘吉逢生

斷顯揚遠近勞逸看休廢入門藏伏可參詳

十干所分所任官本宮得令始為歡奇儀生合多獎

薦一值刑害參罰看合處帶刑池魚咎比旺子旺

莫須貪官父奇儀只喜旺金章紫綬笑彈冠

九星恩難用仇分恩星得地喜生君凶吉大小分僚
屬仇難無侵官印煞三方對照查冲合旺相休廢
着意尋最取本符星健旺威福從君何遂心
九宮起元論轉遷推選所屬逐元言新舊起伏宮局
数所治職事亦相兼水元轉金當署篆木元轉水
俸加添最忌官元入子舍刑害空陷是堪嫶
門戶内轉與外轉年命貴人祿馬慕吉星會合指日
陞凶神迫害官不遠三甲開闔有神机開則推遷

闔則遲孟仲季分時令斷半開半闔是幇推返首
兮欽取陞擢跌穴兮俸深藏深虎狂兮噬時不利
龍走兮任所蹺蹊得遁格利以除授逢假格可以
掛冠三詐利求奨薦三勝喜實年命得使而上下
歡悦守門而坊方稱心三門四戶切莫刑制符命
天馬私門最忌勾白朱滕蛇跌蹯而地方有變雀
投江而文案関心伏干飛干在京科道之叅覈飛
宮伏宮在任督撫之尤罪大格小格士民怨嗟而

居任不滿刑格悖格同條不睦而宦途多歧熒入
白芳宜防賊寇白入熒芳亦慎災殃年月日時逢
悖格已過將來自可詳五不遇芳難以選調六儀
擊刑任所有傷入墓羅網居官不顯反伏門迫地
道不良符使休囚未必終任年命用陷那得還鄉
大約元星旺氣時日又得相幫年命逢恩值吉天
乙守始為詳

占陞遷

開門加生旺宮再有三奇德合吉格者陞遷再遇大
歲月建乘吉神來生高權甚速或有吉格不旺相
或旺相無吉格或旺相吉格太歲月建不來相生
亦為不利

占徵召

太歲為皇恩月建為銓部日干為自己太歲月建乘
星同生日干乘星日干落宮得吉格局主喜反此
不能

占降罰

開門到鬼廢休囚之方或上帶擊刑入墓迫制者不利主有降罰之應

占上官

上官時所向向東看東方所得宮神向西方看西方所得宮神向南看南方所得宮神向北看北方所得宮神以得吉格為上吉所向方得吉格者陞遷無吉格星旺相者責降無吉格星休廢没囚者罷黜有凶格不利遇反伏二吟五不遇時入墓悖格飛伏等格更不必論方向其凶更甚

占官員歷任歸結

本官年干本部地盤上乘吉星吉格者利若本方得吉格餘宮犯擊刑飛伏格悖及本干宮有刼殺喪門刑害者不利無吉格得奇得門得星者榮歸無吉格罷黜有凶格者大不利

占官員考績

直符為天官開門為官星開門為官受直符宮尅又休囚廢沒不得吉格吉星者凶旺相者罷職得吉星者責降不受直符宮尅及相生者無事

占新任官地方遠近內外安否

天禽落宮落帝畿餘為外地各宮六儀三奇為分野遇甲戊同宮陽日用甲陰日用戊開門落宮上有天蓬盜賊六庚亂兵丙壬旱澇不犯者平安各以本邦分野以定地方之遠近

占新任官美惡並何處人

凡有新任欲預知人以開門為官星九星為人品天干為分野如開門上乘吉星為好人凶星為惡人天輔文雅天任慈善天心正直天禽忠厚天冲風厲天英昏烈天芮貪毒天柱奸詭天蓬大惡甲蠻乙海外及東夷丙楚丁岱江淮南離戊己韓衛中州河濟庚秦辛華壬燕趙魏癸常山

奇門廬中闡秘卷之二終